MEMOIRE

en Images

Bône et Philippeville

1. - BONE. - Les Journaux

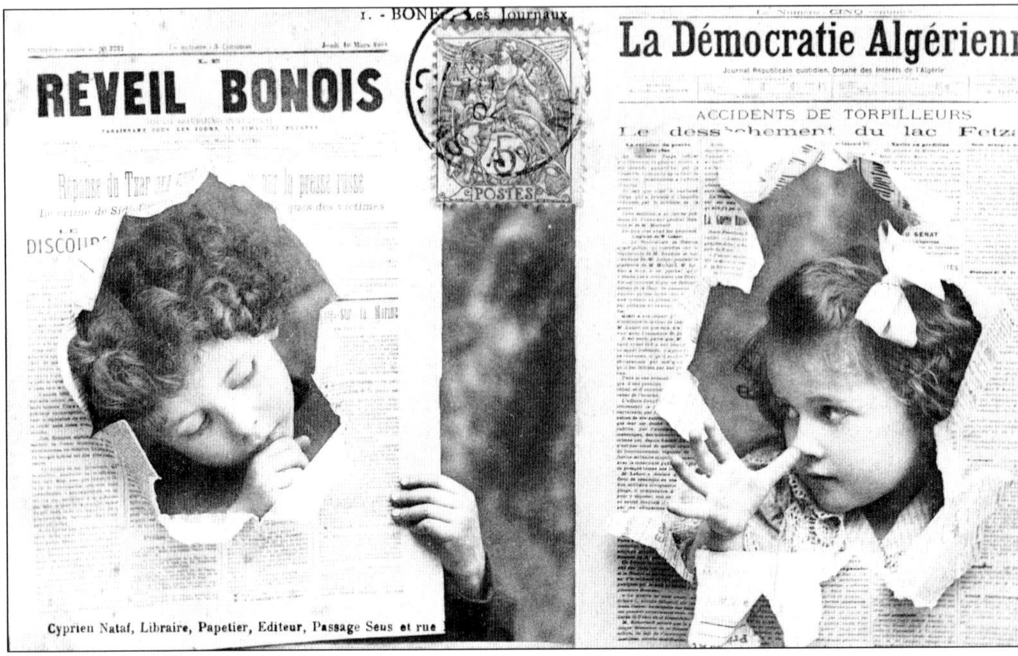

72. - PHILIPPEVILLE. - Les Vendeurs de Journaux

MEMOIRE
en Images

BÔNE ET PHILIPPEVILLE

Teddy Alzieu

ALAN SUTTON

Editions Alan Sutton
8, rue du Docteur Ramon
37540 Saint-Cyr-sur-Loire

Première édition mars 2003

ISBN 2-84253-869-2

ISSN 1355-5723

Dépôt légal : mars 2003
Imprimé en Grande-Bretagne par Oaklands Book Services Limited, Gloucestershire

Sommaire

Préface

Faire cohabiter deux villes sur le même ouvrage est sûrement une gageure.

Cependant, dans le cas de Bône et de Philippeville, tout en gardant leurs spécificités, ces deux cités sont quand même assez semblables.

Ce sont d'abord des villes assez proches géographiquement l'une de l'autre, deux ports du Constantinois sur la Méditerranée. Ces sous-préfectures de l'Algérie française (Bône ne deviendra préfecture qu'en 1956) étaient implantées au fond de superbes baies. Là ne s'arrête pas leur similitude. Bône était entourée de remparts percés de portes tout comme Philippeville. Elles sont construites sur des collines en terrasses avec leurs gares près des ports, Bône est traversée par un axe qui sépare ses quartiers est et ouest, le cours Bertagna qui finit sur le port. Philippeville sépare ses quartiers par la rue Georges Clemenceau qui, elle aussi, débouche sur la mer. Toutes les deux peuvent accéder par une route de corniche à de petites plages, l'une jusqu'à Stora, l'autre jusqu'au cap de Garde. Bône est construite près de l'embouchure de l'oued Seybouse et Philippeville non loin de celle du Safsaf. Ces deux villes renferment aussi de superbes vestiges romains.

Côté population, il existe quand même une différence. Bône est une cité plus importante que Philippeville avec 28 536 habitants en 1885, environ 40 000 en 1908 et 102 800 en 1950. Il faut aussi ajouter que les Bônois étaient très exubérants et blagueurs. On disait que Bône était en Algérie l'équivalent de Marseille avec le cours Bertagna comme Canebière. Philippeville, à un niveau moindre, a vu sa démographie progresser : 18 329 habitants en 1885, 23 000 en 1908 et 57 100 en 1950.

Je vous convie à une promenade à travers les rues et les quartiers de ces deux villes, parmi les plus belles d'Algérie, du début du XXe siècle jusqu'aux années cinquante... sur la trace des souvenirs anciens.

Historique de Bône

L'histoire de Bône est mêlée intimement à Hippone qui devait son origine aux Phéniciens. Fondée avant Carthage, elle devint plus tard sa colonie marchande sous le nom d'Ubba et le resta jusqu'à l'anéantissement de Carthage par les Romains. Elle devint ensuite la résidence favorite des rois de Numidie, en particulier de Juba dont elle fut la capitale. Après la victoire de César sur Pompée et l'annexion de la Numidie, Hippone fut colonie romaine avec le nom d'*Hippo Regius* qui la distinguait d'*Hippo Zaritus*, l'actuelle Bizerte. Il en suivit une période de prospérité. Aux IIIe et IVe siècles, elle était avec Carthage un des plus importants comptoirs de l'Afrique romaine, ce qui permit à ses riches habitants de construire de magnifiques monuments, aqueducs, réservoirs et voies de communication dont les vestiges étonnent encore notre civilisation.

Un de ses enfants célèbres fut saint Augustin ordonné prêtre à Hippone en 390 à l'âge de 36 ans par Valérius qui le prit d'abord comme coadjuteur et à qui il succéda après sa mort. Dans ce refuge suprême de la chrétienté, il régna pendant 35 ans avant de mourir en 430 pendant le siège de la ville qui dura 14 mois. Exaspérés par cette résistance, les Vandales réduisirent la cité en cendres, seule fut respectée la cathédrale de saint Augustin.

Après un siècle de domination vandale, la ville fut reprise par Belissaire à la tête de l'armée byzantine et, restaurée, elle retrouva une partie de son ancienne splendeur. Au VIe siècle, elle tomba aux mains des envahisseurs arabes qui, après l'avoir pillée et incendiée, s'installèrent sur ses ruines et lui donnèrent le nom de Medina Zaoui. Puis, ils l'abandonnèrent pour fonder à deux kilomètres de là la nouvelle Hippone. Elle fut construite, selon la légende, sur l'Aphrodisium des anciens nommé par les géographes arabes Bouna. Ce n'est qu'au XVIe siècle qu'elle prit le nom de Beled-el-Annaba ou Annaba, la ville des jujubiers en raison de l'abondance de ces arbres dans la campagne alentour. A cette époque, la ville était prospère : fruits en abondance, orge, blé et riches mines de fer.

Entourée de murs en 1058, la cité passa entre plusieurs mains. Elle commerçait avec tous les peuples méditerranéens et appartenait encore à Tunis au début du XVIe siècle, puis à Keir-ed-Din, le fameux pacha d'Alger dont la garnison quitta la kasbah en 1535 après la prise de Tunis par Charles V.

Après la prise d'Alger par les Français, Bône ouvrit ses portes au général Damremont le 2 août 1830. Mais celui-ci repartit le 18 du même mois à la suite des événements de juillet en France ; le 13 septembre 1831, la kasbah fut occupée quelque temps par le commandant Hender et ses 125 zouaves. Finalement, le 25 mars 1832, les capitaines d'Armandy et Yussuf, à la tête de seulement 30 marins venus de la goélette *La Béarnaise* s'emparèrent définitivement de la kasbah et de la ville qu'ils remirent le 26 juin de la même année au général Monk d'Uzer pour la France.

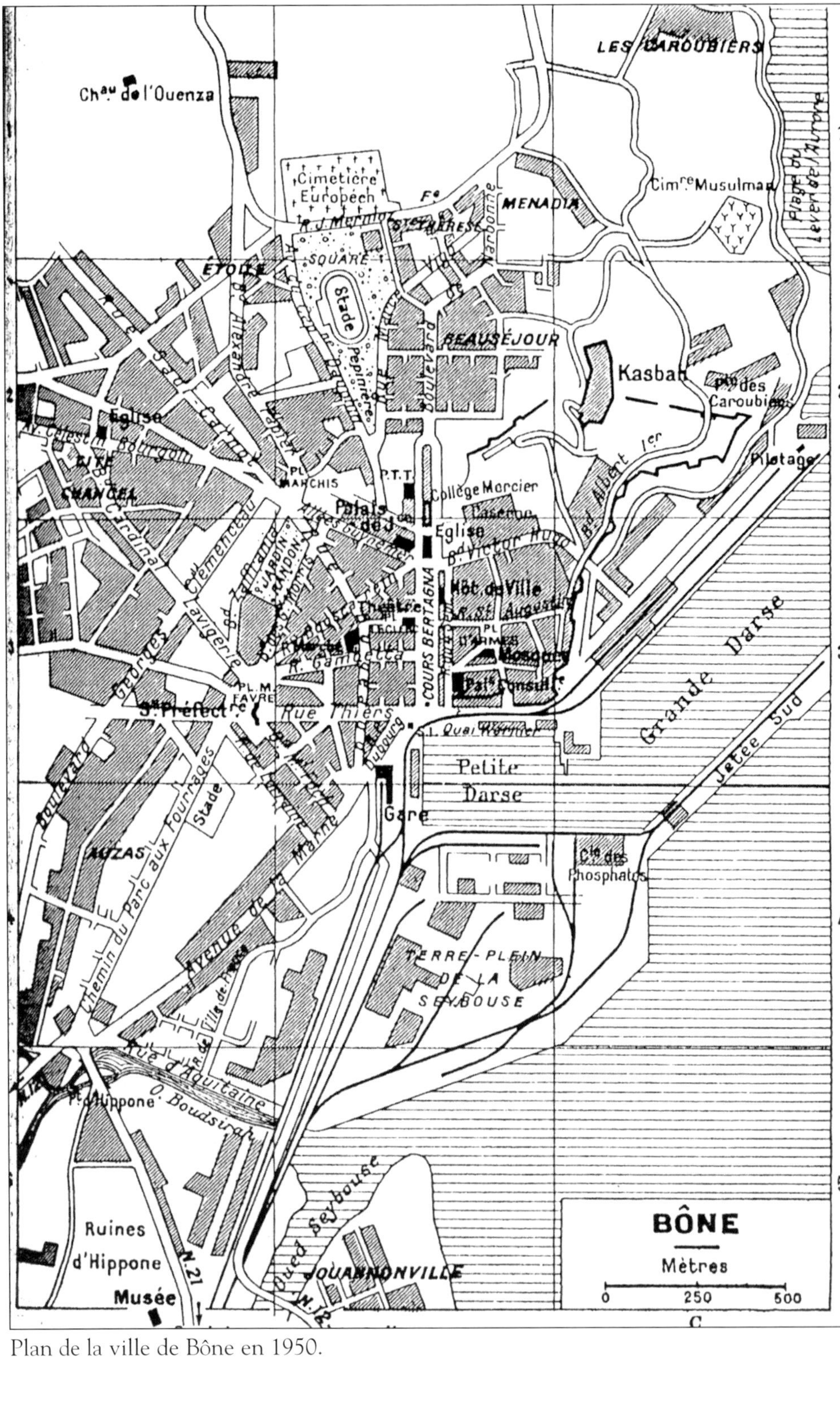

Plan de la ville de Bône en 1950.

1
La corniche et les plages de Bône

De Bône au cap de Garde, la route de la Corniche mène à un grand nombre de plages. Aux alentours, à la fin du XIXe siècle, la campagne était parsemée d'une multitude de petites fermes et d'habitations d'agrément.

La plage du Lever de l'Aurore. Quel joli nom évocateur ! En effet, les Bônois pouvaient très facilement assister au lever du soleil depuis cette plage car cet endroit touchait pratiquement le port de Bône. Plus loin, c'était la plage de la Grenouillère.

La plage de la Grenouillère était une des plages les plus fréquentées par les Bônois car la plus proche de la ville, à peine à une demi-heure de marche. Elle était dominée par les cimetières musulmans et la batterie des Caroubiers.

Après la plage de la Grenouillère, on traversait la plage Grassiot pour arriver à celle de Saint-Cloud qui abritait une petite station balnéaire avec un hôtel-restaurant fort prisé le week-end. La plage de Saint-Cloud débute la baie des Corailleurs et, dans les années 1900, des maisons de vacances avaient déjà bien envahi le rivage.

La plage Lucain ou Luquin faisait suite à celle de Saint-Cloud. Assise sur un banc face à la baie, une dame abritée sous son ombrelle admire le paysage avec, au fond, Saint-Cloud. Pendant ce temps, un cocher attend patiemment dans son fiacre afin de la ramener en ville.

En continuant, 4 kilomètres plus loin, on trouvait, toujours le long de la baie des Corailleurs, une plage très ombragée comme on peut le voir sur ces deux clichés. Depuis 1936, cet endroit était doté d'une chapelle placée sous le vocable de Saint-Michel.

La côte est très découpée. Près du cap de Garde, on trouvait la petite plage Fabre très pittoresque.

Le cap de Garde se situe à une dizaine de kilomètres de Bône sur la côte ouest. Il termine la baie des Corailleurs. C'est l'aboutissement de la route de la corniche avec, au sommet de ses rochers tourmentés, le phare tournant dominant la mer à 143 mètres d'altitude.

Le cliché du haut date de 1927 et celui du bas de 1952. On s'aperçoit que le paysage autour de l'hôtel Transatlantique, sur la route de la Corniche, n'a pratiquement pas changé. Mais la végétation a prospéré !

2
Vues panoramiques

Cette carte multiple montre : une vue générale, la place d'Armes, la basilique d'Hippone Saint-Augustin et le stade municipal.

77 BÔNE. -- Panorama vu de la Colonne Randon. — LL.

Au début du XXe siècle s'était créé un faubourg de 8 000 habitants, la Colonne Randon, du nom d'un gouverneur général de l'Algérie entre 1851 et 1856 qui fut aussi maréchal de France.

6 BÔNE. — Vue Générale du Quartier de la Colonne — LL.

Cette vue de la ville est prise de la kasbah. Celle-ci était construite sur une des deux collines de la cité, celle des Santons, pour dominer et commander Bône.

Sur ce beau plan panoramique de la ville de Bône, on aperçoit au premier plan le grand bâtiment du collège Mercier près de la cathédrale.

En comparant ces deux panoramas de la ville datés, pour celui du haut, de 1919 et, pour celui du bas, de 1925, on voit déjà l'évolution de Bône. La ville commence à « s'étoffer ».

Enfin, pour clôturer cette série de vues générales, voici Bône dans les années 1960 avec ses immeubles modernes et son port bien structuré.

A la fin du XIXe siècle, la ville était encore entourée de deux enceintes. La première avait une longueur de 1,6 km, une hauteur de 8 mètres et possédait des tours carrées. Elle fut ensuite démolie à l'ouest et au nord. La seconde était percée de six portes : Randon, de l'Aqueduc, des Caroubiers, de la Marine, Hippone et des Kharesas.

L'ancien fort de la Cigogne était un ouvrage assez important, enclavé dans les murs de la ville, et qui avait été rasé pour laisser la place à une batterie commandant la rade. Ici, on voit à gauche la porte édifiée sur l'emplacement du fort.

Cette tranchée avait été creusée sur l'emplacement d'un cimetière musulman afin de pouvoir accéder plus facilement à la darse. C'est par là que l'on déblaya les remblais de la colline des Santons qui fut aplanie près de la cathédrale. Ces matériaux servirent à combler une partie de l'avant-port.

Les remparts près de la porte des Caroubiers et de l'abattoir n'étaient pas très éloignés de la kasbah et de la caserne vu cet attroupement de militaires avec leurs chevaux, animaux très utiles à l'époque. En bas, on aperçoit la route de la Corniche.

La kasbah avait été construite au XIVe siècle par les sultans de Tunis. Située à 500 mètres d'altitude, elle domine la colline des Santons. Après la prise de Bône, cette citadelle a été complètement transformée et servit ensuite de pénitencier militaire.

3
Le port

A la fin du XIXe siècle la petite darse du port de Bône ne pouvait accueillir que de modestes embarcations, essentiellement des bateaux de pêche. C'est à cette époque que les Français commencèrent à l'aménager pour en faire véritablement un grand port.

Au milieu de la baie, une barque avance. Elle transporte une dame chapeautée et très digne entourée d'enfants. A l'arrière-plan, on distingue le port et, à droite, les murailles de l'ancien fort de la Cigogne.

En 1905, la plage Brise de Mer existe encore. Bientôt, elle va disparaître afin de permettre l'aménagement et l'agrandissement du nouveau port.

Cette carte postale date de 1903. Elle permet d'admirer les bateaux de pêche typiques mais aussi de deviner les loisirs préférés des Bônois à cette époque. En effet, on peut voir à droite deux pêcheurs à la ligne assis sur le quai et à gauche deux chasseurs, fusils en bandoulière, accompagnés de leur chien.

Ici, le port est déjà mieux aménagé. On a construit deux grandes jetées, l'une de 650 mètres, l'autre de 800 mètres, créant un avant-port de 79 hectares. Le port intérieur de 10 hectares affecté au commerce avec 12 à 14 mètres de profondeur permet aux navires d'accéder aux 600 mètres de quais.

La vieille ville domine cette partie du port qui n'a pas encore une activité débordante mais dont les quais sont déjà bien encombrés.

Toujours un endroit tranquille, le coin du port réservé aux bateaux de pêche qui ne s'anime qu'avec la sortie ou l'arrivée des embarcations.

C'était encore le temps de la marine à voile avec ses magnifiques goélettes faisant rêver de voyages dans les îles lointaines et de récits de vieux loups de mer faisant briller les yeux des enfants.

Changement de décor avec cette photo datant de 1955 : la petite flottille de bateaux de pêche est toujours là. Mais, à côté, les gros cargos avec leur ballet de grues pour le déchargement ont remplacé les voiliers.

Ces deux clichés du port de pêche à une époque plus récente montrent sur les quais les petits métiers réservés aux indigènes.

A cette époque, c'était le début de la marine à vapeur avec plusieurs bateaux à quai dont *Le Languedoc*. Mais les embarcations des pêcheurs sont encore à voiles.

Le port de Bône était surtout spécialisé dans l'exportation, en particulier des phosphates du Kouif, mais aussi des minerais de fer de l'Ouenza et de cuivre d'Aïn Barbar. Au premier plan, on charge le *Fort-Louis* en phosphates.

Deux aspects du quai Warnier : sur le cliché du haut, on aperçoit le Palais consulaire, sur celui du bas, on constate que Bône, port minéralier, exporte aussi du vin et des céréales.

Sur le quai Thiers, les charrettes attelées de chevaux transportent des barriques de vin. Le climat de l'Algérie permettait d'en avoir une grande production.

Le célèbre cours Bertagna débouchait sur le port au bout du quai Warnier.

Un imposant navire à vapeur portant le nom de *Ville de Bône* est amarré le long du quai. En effet, en Algérie, beaucoup de bateaux étaient baptisés de noms de villes comme le *Ville d'Oran* ou le *Sidi Bel-Abbès*.

Les premières lignes de navigation régulières furent créées en 1841. Une des principales était la Compagnie transatlantique subventionnée aussi par l'Etat pour transporter le courrier. Le port de Bône était relié à Marseille et à Philippeville, ainsi qu'à Alger avant l'ère du chemin de fer.

4
Du cours Bertagna à l'hôtel de ville

Un petit marché en plein air occupe l'entrée du cours National qui s'appellera plus tard cours Bertagna.

Le cours Bertagna débouche sur le port au niveau d'un petit square planté de palmiers avec d'un côté le quai Warnier et de l'autre la rue Thiers.

Le cours Bertagna (ex-cours National) avait remplacé l'ancien rempart ouest et il séparait à cette époque la vieille ville de la nouvelle. Il débutait au nord devant l'église (devenue ensuite cathédrale) pour aboutir au sud sur la darse.

Le cours Bertagna était très connu en Algérie. C'était un peu la Canebière de Bône. D'ailleurs les Bônois n'avaient-ils pas un peu le sens de la galéjade des Marseillais ?

Le cours Bertagna était une très belle promenade digne des plus grandes cités européennes. C'était la fierté de la ville de Bône. Elle était large et superbement ombragée. Les éditeurs de cartes postales l'ont photographiée sous toutes ses coutures… et même la nuit comme on peut le voir sur le cliché ci-dessous.

Cette grande avenue était véritablement le cœur battant de la ville, le rendez-vous incontournable des Bônois, surtout de la jeunesse qui la remontait et la descendait inlassablement le soir venu. Tous les événements importants s'y déroulaient comme le carnaval, ainsi que toutes les fêtes rassemblant une grande partie de la population.

L'hôtel de ville se situait sur le cours Bertagna près de la cathédrale. C'était une belle construction, assez imposante, avec une colonnade en marbre de Filfila, carrières proches de Philippeville. Son soubassement était constitué de pierres de calcaire gris à grain fin provenant du massif du cap de Garde.

Le square de l'Hôtel de Ville était décoré en son centre d'une statue représentant la fortune. Les allées bien ombragées et les massifs de fleurs étaient bien entretenus.

Un très bel attelage, taxi de l'époque, dépose ses clients près de l'hôtel de ville. Les messieurs sont tous coiffés de canotiers, chapeaux à la mode à cette époque-là, et les dames en robes longues se protègent du soleil avec leurs ombrelles.

Dans les années 1950, le square de la Mairie n'a pas beaucoup changé. Sous cet angle, on peut admirer les majestueux ficus qui étendent leur ombre bienfaisante.

Bône était une ville gaie et l'année était jalonnée de fêtes. Ici, une carte postale commémore un festival de musique qui s'est déroulé en 1908.

Sur le haut du cours Bertagna, on trouve un kiosque à musique assez original de style pseudo-oriental. Cet endroit est très prisé par la population. On y venait écouter les concerts donnés par la Musique militaire ou les diverses écoles de musique de la ville.

La place du Général Faidherbe a dû probablement changer de nom suivant les différentes municipalités. Un groupe d'enfants profite de l'ombre de ces beaux arbres, le béret bien vissé sur le crâne !

La place d'Armes était la place principale la plus ancienne de la ville de Bône. Entourée de palmiers et d'orangers, une fontaine avec une grande vasque en occupait le centre. Tout autour, de belles maisons à arcades bordaient ses côtés.

Le cours Bertagna coupait la ville dans un axe nord-sud. Au nord, dans un joli écrin de verdure, se trouvait la statue de Jérôme Bertagna.

Bertagna, ancien maire de Bône, mourut en 1907. Son successeur à la mairie fit exécuter cette statue, œuvre de Sicard, et, par la même occasion, débaptisa le cours National pour lui donner le nom de ce célèbre élu.

Au sud, le cours Bertagna débouchait sur un petit square où se dressait la statue en bronze de Thiers, œuvre de Mercier (1879). D'ailleurs, près de là, débutait aussi la rue Thiers.

5
Les bâtiments civils et militaires

Le palais de justice occupait l'intersection du cours Bertagna avec l'allée Randon (plus tard appelée allée Guynemer). Le cliché est pris depuis la place de l'Eglise.

En rentrant dans le port, on ne pouvait pas ne pas apercevoir un bâtiment imposant faisant l'angle du quai Warnier et du cours Bertagna : le palais Lecoq ou palais consulaire avec ses boutiques au rez-de-chaussée.

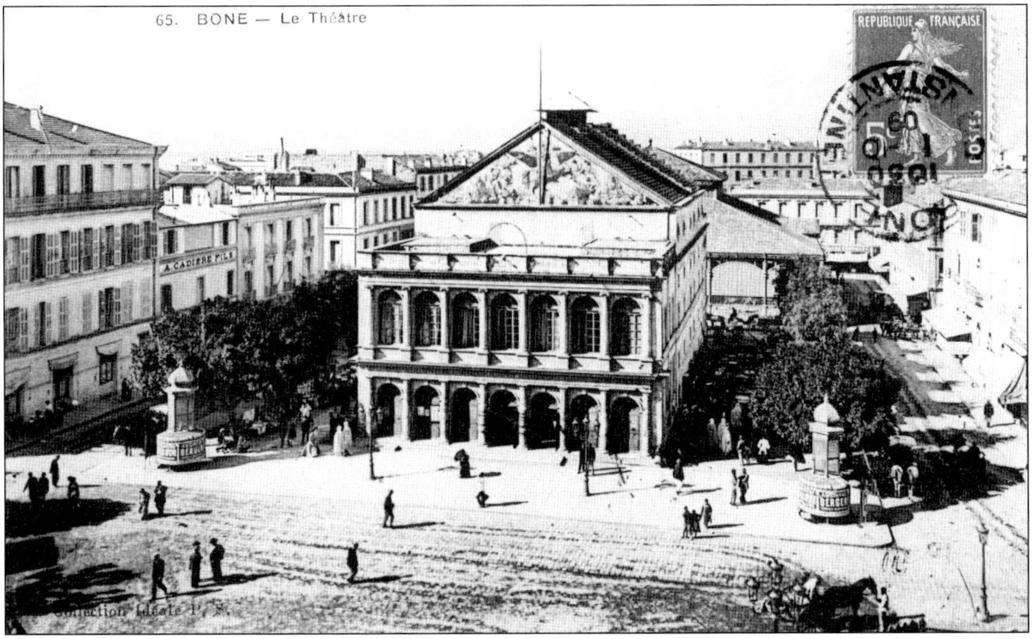

Sur la place Leclerc qui donnait sur le cours Bertagna, le théâtre (800 places à la fin du XIXe siècle) accueillait des artistes de passage et pendant trois mois une troupe venant de Constantine. Bombardé pendant la seconde guerre mondiale, puis en très mauvais état, il fut rasé et remplacé au même endroit par un théâtre plus moderne et plus spacieux.

Cette vue date de la fin des années 1950 ou du tout début des années 1960. En effet, la légende de la carte postale indique la préfecture et la place Frédéric Mistral. Bône, qui fut d'abord sous-préfecture, changea de statut en juillet 1956 après la création du département de Bône avec une partie du territoire du département de Constantine.

Le marché arabe se tenait dans une grande bâtisse de style mauresque le long de la rue Bugeaud.

Belle affluence sur ce marché très fréquenté par les indigènes ! Les étals débordent même à l'extérieur. La tour au premier plan accueille trois nids de cigognes qui, selon la tradition, portent bonheur à ce lieu.

Dans le quartier nord de la ville, au milieu d'un écrin de verdure, se situait le grand stade municipal. A côté, se trouvaient la pépinière et un square.

Un peu plus au nord du stade, séparé par la rue Mermoz, se trouvait le cimetière européen de la ville, si beau qu'il donnait envie de mourir, dit-on. Mais on peut penser que les Bônois se rappelaient plutôt le cimetière arabe typique qui avait disparu avec la construction de la tranchée de la kasbah.

De la tribune du stade municipal, on pouvait assister à de superbes matchs de foot (sport préféré des Bônois), mais aussi, sur la piste, à des épreuves d'athlétisme.

On venait aussi pour les courses cyclistes sur piste comme l'atteste l'inscription au fronton de l'entrée du stade : « *Stade vélodrome municipal* ».

Ce beau bâtiment moderne des télégraphes, postes et téléphones remplaça l'ancienne poste du cours Bertagna devenue trop exiguë.

L'hôpital civil et la kasbah dominent la ville. Le 30 janvier 1837, la kasbah fut très endommagée par l'explosion du magasin à poudre due à une imprudence. 200 hommes furent tués et 500 blessés. Elle fut ensuite restaurée.

La gare occupait un des côtés de la place Thiers. Les bâtiments étaient idéalement alignés le long de la petite darse avec un accès direct au port facilitant le chargement et le déchargement des marchandises sur les bateaux.

Quelques années après, on peut voir que les palmiers de la place ont bien poussé !

En 1909, devant l'école, des enfants en blouse noire posent devant l'objectif du photographe.

Ce cliché datant de 1948 nous montre le lycée de garçons Saint-Augustin qui, un peu plus tard, est devenu mixte. Il se trouvait tout près de la pépinière et possédait un stade où les élèves, après avoir cultivé leur esprit, pouvaient détendre leur corps.

Le réfectoire du collège de jeunes filles est prêt pour le repas des élèves avec ses tables bien mises, pains dans les corbeilles et… bouteilles remplies.

Toujours le même collège, dans la classe d'histoire naturelle il ne manque rien : l'écorché, le squelette et l'appareil de projection en haut des gradins.

Le collège de jeunes filles ou collège Mercier se trouvait au bout du boulevard National (cours Bertagna), juste derrière la cathédrale dont on voit l'abside au premier plan. A l'extrême droite se devine une partie des remparts. A l'arrière-plan, c'est la campagne car n'étaient pas encore construits le quartier Beauséjour, le boulevard de Narbonne et Sainte-Thérèse.

Les boulevards de Narbonne et Marcel Vigo conduisaient au nouveau quartier Sainte-Thérèse situé près du stade et du cimetière européen. L'église Sainte-Thérèse, réalisation d'art moderne, possédait deux curieuses flèches à claires-voies.

C'est la sortie de la messe à la cathédrale. A cette époque, on s'habillait pour aller à l'église le dimanche. Toutes les dames sont chapeautées ainsi que les hommes et les enfants. A gauche, on aperçoit le palais de justice construit à l'intersection du cours Bertagna et des allées Guynemer.

Au début de la présence des Français, la première église de Bône avait été installée dans une mosquée. Puis, on construisit cette église qui devint ensuite cathédrale. Le bâtiment situé au nord du cours Bertagna est de style gréco-byzantin.

La grande mosquée, mosquée principale Djama-el-Bey, fut restaurée après l'arrivée des Français. On lui ajouta une façade mauresque en rapport avec l'intérieur et un minaret carré remplaçant l'ancien de forme ronde que l'on voit à l'arrière et qui avait été investi par des cigognes.

Comme on peut le voir sur cette carte postale, la mosquée Djama-el-Bey occupait tout un côté de la place d'Armes.

Dans les années 1955, la place d'Armes n'a pas trop changé. La végétation est plus dense. Le café de la Bourse est toujours là.

Le marabout de Sidi-Brahim se trouve au sud de la ville tout près des écoles. On y arrive par la rue de Constantine qui prolonge la rue Prosper Dubourg. Ce marabout fut érigé sur les fondations d'une ancienne basilique.

Le grand marché moderne de la ville, à l'intersection de la rue Gambetta et de la rue Bugeaud, a quand même un petit air mauresque avec sa tour en forme de minaret qui abrite une horloge. Il est 8 h 50, heure d'affluence…

L'hôpital militaire ainsi que l'intendance et la manutention se trouvaient installés dans une ancienne mosquée au niveau de l'ancienne rue d'Armandy.

Au nord-est, le boulevard Victor Hugo qui longe les casernes monte ensuite en rampe assez forte jusqu'à l'hôpital civil. Ensuite, on peut relier la casbah ou emprunter le boulevard Albert Ier en direction de la colline des Caroubiers et du cimetière musulman.

6
Portes, rues, Saint-Cloud et… les cigognes

La porte des Caroubiers près de l'abattoir était la seule porte des anciens remparts à ne pas avoir été détruite. Elle donnait accès aux abords de la kasbah et du cimetière musulman.

Ces deux portes furent détruites avec l'extension de la ville. Mais au début du XXe siècle les murs d'enceinte étaient encore percés de six portes : la porte Randon donnait accès au village Saint-Anne, celle de l'Aqueduc à la route du Fort Génois. Il y avait aussi celles de la Marine, d'Hippone et des Kharesas. La seule qui subsistera sera celle des Caroubiers près de l'abattoir.

La rue Gambetta longeait le marché arabe avec ses étals de légumiers en plein air. Elle coupait à angle droit la rue Bugeaud.

Dans la rue Bugeaud, en face du marché et du kiosque à tabac et journaux, il règne une belle animation au café du Globe. C'est l'heure de l'apéritif.

La rue Thiers était une des grandes artères de la ville. Perpendiculaire au cours Bertagna, elle débouche ici sur la petite darse et se prolonge par le quai Warnier.

Près du port, on trouvait la superbe brasserie du Phénix. La rue Thiers s'enfonçait ensuite vers l'ouest et rejoignait la place de la Sous-Préfecture qui se terminait à l'intersection avec le boulevard Clemenceau.

Une vue de la rue Gambetta qui, presque parallèle à la rue Thiers, partait du cours Bertagna pour aboutir aussi à la place Fabre où se trouvait la sous-préfecture. On peut voir que la Maison Laussac Frères, en plus de la confection, avait aussi un rayon chapellerie, indispensable à cette époque.

Le faubourg de la Colonne Randon, véritable petite ville de 8 000 habitants, s'était créé au début du XXe siècle. On le traversait pour accéder à la route de l'Edough, montagne située à 13 km à l'ouest de Bône. A l'intersection des rues Garibaldi et Célestin, devant une petite pharmacie, se dresse une statue de Diane chasseresse. Plus loin, on aperçoit une tonnellerie. Ce faubourg a pris ensuite le nom de faubourg Sainte-Anne.

La rue du 4 Septembre était incorporée dans le cours Bertagna. Elle longeait le palais consulaire et l'hôtel de ville. A gauche, le café du Midi indique sur son enseigne : *« Au rendez-vous des colons. »* A droite, d'imposants palmiers bordent le square.

Les immeubles modernes de la Menadia se trouvaient dans le quartier nord, près du quartier Sainte-Thérèse et au-dessus de Beauséjour.

La rue Saint-Augustin était une rue située dans le centre-ville du vieux Bône. Partant du cours Bertagna, elle longeait la place d'Armes et aboutissait au boulevard Albert Ier.

Sur cette vue prise au tout début du XXe siècle on peut voir le quartier mozabite et ses petites boutiques.

Vers 1950, Saint-Cloud accueillit de nouveaux immeubles. Bône s'étendit et cette plage proche du centre-ville devint presque un nouveau quartier.

En Algérie les cigognes étaient un gage de bonheur quand elles s'installaient sur votre maison. Ici, le marché arabe est favorisé avec les nombreux nids installés sur ses deux tours.

7
Hippone

Après avoir franchi l'oued Bou-Djema sur le pont romain (restauré), on accédait, par le chemin de la Basilique, à Hippone qui se situait à 2 kilomètres du centre-ville. Entouré d'une grille, cet autel conserva la relique de saint Augustin avant sa translation dans la nouvelle basilique. A l'arrière, sur un socle en marbre blanc, se trouvait la statuette du saint. On érigea un peu plus tard une statue monumentale en bronze, œuvre de G. Falconis.

57 BÔNE. — La Basilique Saint-Augustin. — LL

La basilique Saint-Augustin fut construite en 1881. Elle est une réplique (plus aboutie) de la cathédrale de Carthage avec deux tours en façade et un dôme à la croisée du transept. Dans l'abside, encastrée dans un monument tumulaire représentant le saint sur son lit de mort, se trouve sa relique (le cubitus droit). Pour l'édifice ont été utilisés des marbres de Filfila, de Guelma et de Chemtou, de l'onyx d'Aïn Smara ainsi que du granit rose et du calcaire gris du cap de Garde.

31 BONE. — Les Bords de la Seybouse à Hippone — LL

Des fragments de maçonnerie, des éperons déchaussés et les restes d'un quai de débarquement sont les derniers témoins sur les bords de l'oued Seybouse de l'existence de l'ancien port d'Hippone.

A la fin du XIXe et au début du XXe siècle, les plus beaux vestiges puniques, égyptiens et bien sûr romains faisaient partie de la propriété de monsieur Chevillot que l'on voit ici présentant ces monuments et mosaïques antiques.

Après la seconde guerre mondiale, la plus grande partie de la propriété Chevillot fut rachetée par l'Etat qui, ensuite, poursuivit les fouilles puis reconstitua le musée lapidaire afin de l'ouvrir au public.

Près de là, on mit au jour les anciens réservoirs romains alimentés par des aqueducs. Ces réservoirs, après restauration, servirent à stocker les eaux de la ville de Bône avant leur distribution.

Ici, on peut voir de somptueuses mosaïques qui ornaient les splendides villas construites par les riches habitants d'Hippone qui vécurent du commerce jusqu'à l'invasion des Vandales.

Dans la villa Chevillot, on découvrit aussi un superbe *Triomphe d'Amphitrite* et des décors à motifs géométriques.

Près d'un grand mur ayant probablement appartenu à des thermes, on a mis au jour dans les années 1950 ce théâtre romain dont la disposition s'apparente à celle du théâtre de Dionysos à Athènes.

Historique de Philippeville

La ville de Rusicade occupait autrefois l'emplacement de Philippeville. Ce nom était d'origine phénicienne : *Rus-Cicar* puis *Rus-Sadeh* (le cap de la plaine). L'appellation s'est perpétuée jusqu'au Ras-Skikda des Arabes (pointe du djebel Addouna d'où part la grande jetée). Des inscriptions trouvées dans les ruines de Skikda démontrent l'existence d'une ville romaine dédiée à Vénus. Ce port fut fondé pour servir de débouché à Cirta (Constantine) en 45 avant J.-C. et il faisait partie d'une des quatre colonies de la confédération de celle-ci.

Philippeville eut aussi son époque chrétienne avec trois évêques mentionnés dans les écrits de l'Eglise d'Afrique : Verulus qui assista en 260 au concile de Carthage, Victor et Faustinius, qui se rendit à la conférence de Carthage où l'on jugea et condamna le donatisme.

Il semble que la ville ait été épargnée lors du sac d'Hippone par les Vandales, mais elle fut quand même détruite un siècle après par Gelimer, le dernier roi vandale. Léon l'Africain dit qu'au XVIe siècle Skikda - peut-être Souk-el-Ahda (le marché du dimanche) - renfermait dans ses murs des habitations et des magasins pour les négociants génois.

Après la prise de Constantine par les Français, le maréchal Valée voulut assurer un débouché sur la mer à la ville qu'il venait de conquérir. Il jeta son dévolu sur les ruines de Rusicade et envoya au printemps 1838 le général Négrier en reconnaissance au port de Stora. Le maréchal Valée s'établit par la suite sur les ruines de la ville romaine car c'était l'endroit le plus proche de Constantine. A cette époque subsistaient de nombreux vestiges : amphithéâtre, théâtre, château d'eau, forum, basilique ainsi que plusieurs temples, qui disparurent partiellement avec l'édification de la nouvelle ville. Le maréchal s'installa avec une colonie de 4 000 hommes et racheta le terrain aux Kabyles qui l'occupaient. Le 7 octobre 1838, les Français attaquèrent les fondations de la ville qui fut baptisée tout d'abord Fort de France avant de devenir Philippeville en l'honneur du roi de France Louis-Philippe.

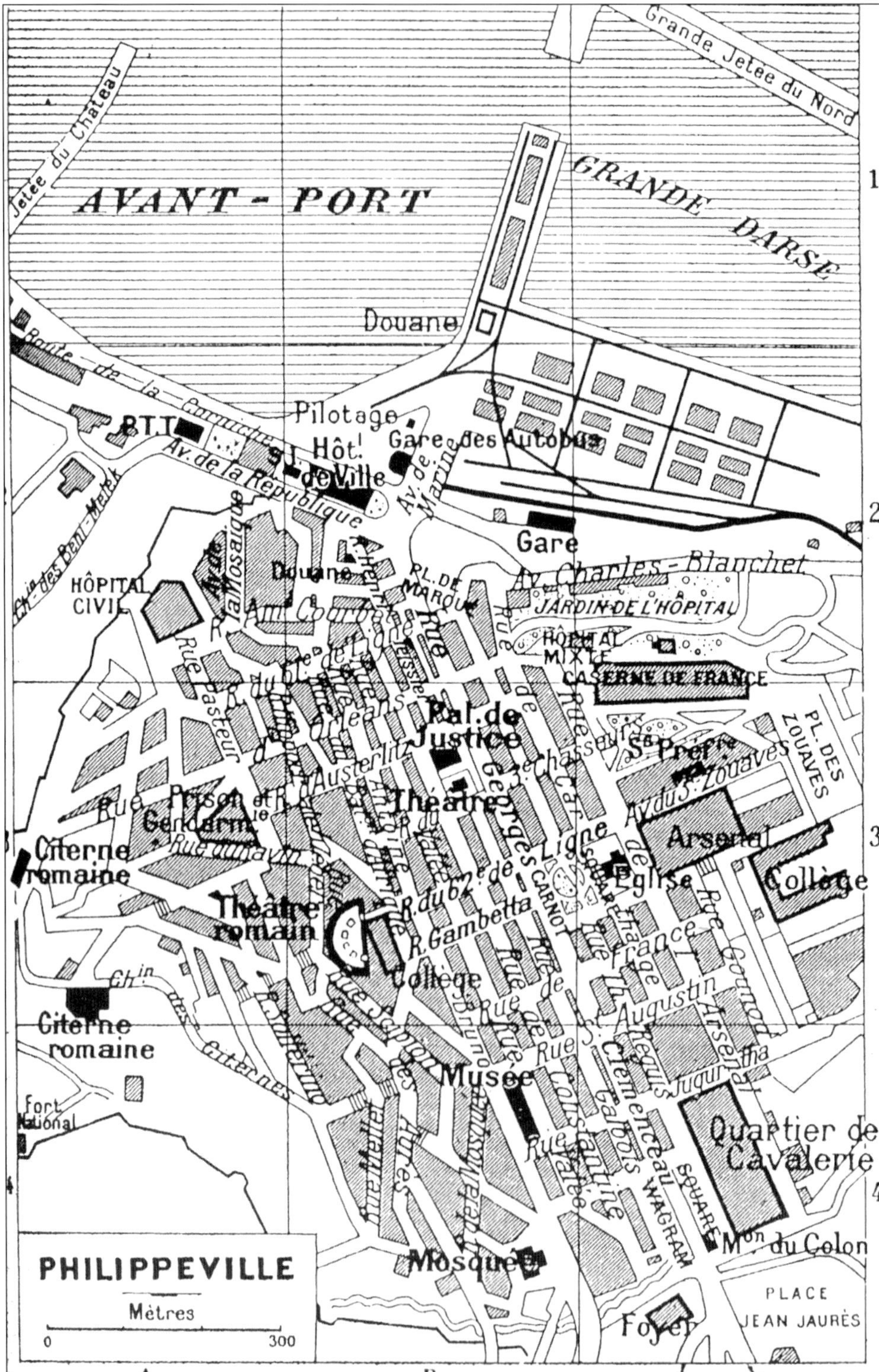

Plan de la ville de Philippeville en 1950.

1
Vues panoramiques

Voici une présentation originale de la ville en 1908 avec quatre vues de la cité incrustées dans les ailes d'un papillon dont le corps est une ravissante jeune fille !

Sur cette carte postale éditée avant 1904, Philippeville n'est encore qu'une petite bourgade peu développée.

Pour faire découvrir aux destinataires de cette carte postale tous les aspects de la ville en 1906, rien de tel que des vues multiples !

Sur ces clichés datant des années 1910, Philippeville est une ville moyenne commençant à se structurer avec la construction de quelques immeubles modernes.

En 1904 la ville est nichée dans un écrin de verdure. Au centre, on aperçoit l'église Saint-Philippe avec son clocher.

Sur cette photo prise à une époque de transition entre les deux guerres, on voit qu'il n'y a pas encore de bâtiments modernes très élevés.

Voici quelques aspects de Philippeville à une période plus récente située entre 1950 et 1960. On voit bien ici le plan avec des rues rectilignes se coupant à angle droit conçu par les Français.

Mais la ville, malgré son extension, a gardé son charme de ville à la campagne agréable à vivre.

Sur ces vues multiples de la même époque, on peut voir quelques réalisations de la ville moderne avec le port, la gare, la piscine, quelques rues et aussi le port de Stora.

On voit sur ces deux clichés l'originalité de la ville étagée sur ces deux collines avec une campagne omniprésente, son joli port au bord de la Méditerranée et les tours de la gare et de l'hôtel de ville.

Pour clôturer cette série de vues générales montrant l'évolution de la ville, voici les plus récentes avec les installations de la gare près du port, l'hôtel de ville et la place Marqué.

La route de la Corniche, passant devant l'hôtel de ville au fond, est devenue une véritable autoroute, comme on peut le voir d'après la taille de la voiture qui y circule.

2
Le port

Le port de Philippeville avait été créé au départ pour servir de débouché maritime à Constantine, la préfecture du département. Il avait été creusé sur plus de 37 hectares au prix d'énormes travaux. Placé au fond de la baie de Stora, il pouvait ainsi recevoir les plus gros navires.

Ces deux cartes postales d'avant 1904 montrent les aménagements du port à son début. Il n'y a pas encore une grosse animation, mais patience… ça va venir !

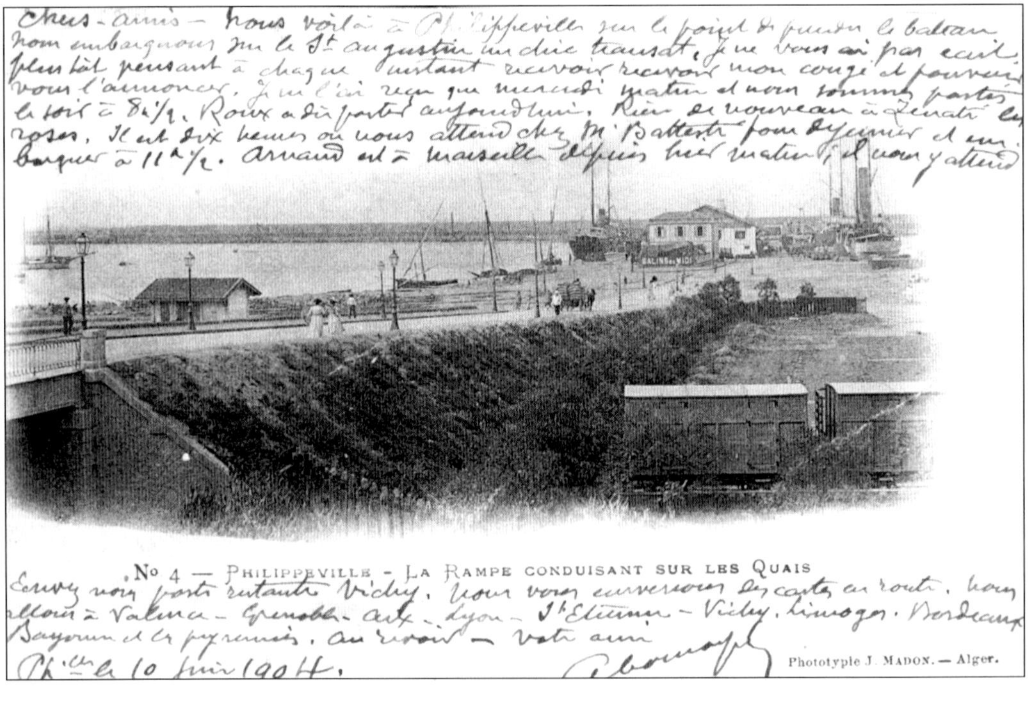

Quelques années plus tard, c'est l'arrivée de plus gros paquebots avec un service régulier avec Marseille par la Compagnie transatlantique qui avait le monopole du courrier et était subventionnée par l'Etat et par la Compagnie de navigation mixte (Touache).

Au début du XXe siècle, un service reliait Alger à Philippeville avec escale à Bougie, Djidjelli, Colo, puis au départ de Philippeville destination Marseille en passant par Bône, La Calle, Bizerte et Tunis. Ici, le *Charles Roux*, courrier de Marseille, entre dans le port.

La route de Stora ou route de la Corniche, après avoir contourné le ravin des Beni-Melek, côtoie les flancs boisés de la montagne en surplombant la mer.

Même point de vue quelques années après : les constructions ont poussé au bord de l'avant-port et tout au fond on peut voir l'hôtel de ville en construction entouré d'échafaudages.

Quelle époque idéale où l'on ne respirait pas les gaz des tuyaux d'échappement des automobiles. Simplement, il fallait ramasser le crottin des chevaux ! Ces charrettes attelées participent à la belle animation du port pour le chargement ou le déchargement des marchandises sur les quais.

Le port de pêche était assez calme au début du XXe siècle. Dans les années 1950, changement de rythme… Dix chalutiers et 150 canots à moteur alimentaient plusieurs usines à salaison et des conserveries de sardines et d'anchois. De plus, du poisson frais était exporté pour les marchés du midi de la France.

D'après le nombre de bateaux de plaisance au premier plan, le Sport nautique de Philippeville devait être actif. Il est vrai que naviguer sur les plans d'eaux de la baie de Stora devait être merveilleux.

Sur cette vue de l'arrière-port de Philippeville en 1908 on aperçoit la montagne le Skikda.

Deux vues de cette rue qui deviendra ensuite l'avenue de la Marine. Cette artère aboutit à la jetée séparant à droite la grande darse de l'avant-port à gauche. Tout au fond, on devine la grande jetée du Nord. A droite, c'est le début de la place de la Marine.

Une vue du port en 1904 avec le fanal de l'entrée de la darse qui accueille à cette époque des bateaux à voile et des navires à vapeur qui aussi, par précaution, possèdent... des voiles.

Un très curieux bateau allongé, qui vraisemblablement devait être une embarcation de promenade avec son grand toit de toile protecteur, passe dans la rade. Les passagers pouvaient ainsi profiter de la vue sur la baie et la corniche jusqu'à Stora.

Des troupeaux de moutons embarquent pour l'exportation guidés par leurs propriétaires. Pour monter sur le navire amarré à gauche, ils doivent passer sous un petit tunnel en tôle avant de franchir la passerelle. L'élevage ovin était prépondérant à l'époque en Algérie.

En haut de l'avenue de la Marne, le premier bâtiment du Pilotage laissera la place plus tard à un immeuble moderne de construction originale avec ses hublots ronds et sa vigie.

Deux photos du port à une époque plus proche de nous montrent la beauté du site avec la Méditerranée omniprésente que l'on peut admirer de tous les points de vue de Philippeville. Les maisons sont étagées sur les collines et les coins de verdure ne manquent pas.

3

De la corniche à la place de la Marine

Pour accéder à la route littorale en corniche, il fallait, à partir de la place Marqué, emprunter l'avenue Charles Blanchet. A deux kilomètres, on trouvait la plage des Chèvres puis le pont de Safsaf. Un peu plus loin, le téléphérique (visible au centre de la photo) amenait au port de Philippeville les minerais extraits du Filfila (carrières de marbre).

Toujours à l'est de la ville se trouvait un groupe d'exploitations agricoles situées dans la luxuriante vallée arrosée par l'oued Saf-Saf. Ici, on peut voir à son embouchure un pêcheur accompagné d'un enfant qui surveille sa ligne dans une tenue pas très adéquate : costume et chapeau melon !

En prenant la route en corniche, mais cette fois-ci vers l'ouest, on longeait la mer pour arriver à Stora. C'était une promenade pittoresque où, à l'abri des rochers, on découvrait par moments de minuscules anses et leurs plages de sable fin.

On a construit de nombreux ouvrages d'art comme des tunnels et des ponts pour permettre à la route de la corniche d'épouser parfaitement la côte rocheuse.

Dans les années 1950, des hôtels se sont implantés le long de la corniche menant à Stora. Ils pouvaient ainsi jouir d'une très belle vue sur la baie. Ici, deux tunnels se font suite sur la route.

Avant d'arriver à Stora, on longeait d'abord la plage du Château Vert, très fréquentée car c'était la plus proche de la ville. Les baigneurs appréciaient aussi l'hôtel-restaurant et l'établissement de bains. Un peu plus loin, à un kilomètre, la plage de la Rusicade abritait, elle, le Rusicade-Palace, hôtel-restaurant et casino.

Stora était dans l'Antiquité un petit port très fréquenté de l'ancienne Rusicade (Philippeville) avant que les Français n'aménagent celui de Philippeville. Le village est adossé à la montagne. A mi-côte, on a découvert des citernes romaines alimentées par l'oued Cheddi (ruisseau des Singes) qui passe par un tunnel restauré par le Génie militaire.

Le village est passé de 2 306 habitants en 1885 à 6 850 habitants en 1950. La plupart étaient des pêcheurs italiens naturalisés français. Il y avait deux cafés-restaurants dans le village : La Voûte Romaine et Le Petit Mousse.

Une des plus anciennes cartes postales du lieu, datée de 1903, montre les aménagements sommaires de la première gare. Les passagers qui viennent de descendre du train ont un long chemin pour arriver à la ville. On aperçoit au premier plan à droite les fiacres, taxis de l'époque, qui attendent les clients.

La gare quelques années après est mieux aménagée et le train arrive très près des quais du port pour plus de commodités.

La première gare de Philippeville était construite sur un terre-plein de 20 hectares gagné sur la mer. C'était à l'époque une petite gare de voyageurs. Mais le trafic du fret était plus important grâce à l'association rail-mer. Une partie de la plate-forme entre gare et port était attribuée au commerce.

La place de la Marine, avec ses beaux palmiers, était une véritable terrasse sur la mer. C'était à l'époque le centre vital de Philippeville.

La place de la Marine, vue sous un autre angle, était dominée par les casernes. Un curieux texte en espéranto vante une préparation pharmaceutique.

Cette place fut plus tard débaptisée et prit le nom de place de Marqué. Elle s'ouvrait en éventail sur la mer et le port. Ce cliché daté de 1904 nous montre avec cette animation que c'était là le véritable cœur battant de la ville.

A la même époque, l'extrémité de la place de la Marine accueillait le monument du 3e zouaves. L'avenue de la Marine donnait accès au port.

La place de la Marine était entourée d'hôtels et de cafés avec leurs terrasses. Sur la vue du haut, on voit le Grand hôtel et sur celle du bas le Grand hôtel de France et de la Marine à côté d'un bureau de tabac et d'un coiffeur.

Ces deux vues du kiosque à musique montrent l'affluence de la foule attirée par les concerts, surtout ceux du jeudi et du dimanche donnés à la fin du XIXe siècle par les Musiques militaires des divers régiments de la ville.

En dehors de la période des concerts, on pouvait admirer l'architecture du kiosque à musique dont a été doté Philippeville comme beaucoup de villes d'Algérie à cette époque. Cette place était le lieu de rendez-vous et de promenade favori des habitants.

4

Les bâtiments civils et religieux

De la place de Marqué, en remontant le rue Clemenceau, on arrivait sur la place Corneille où se trouvait ce petit théâtre construit sur d'anciennes citernes. Il pouvait accueillir de 600 à 700 personnes et recevait des artistes de passage et, au printemps, une troupe venant de Constantine.

Sur cette même place Corneille, en vis-à-vis du théâtre, on trouvait le palais de justice devant lequel se trouvait une station de fiacres… plus tard remplacés par de modernes taxis.

L'avenue du 3e Zouaves, faisant suite à la rue du 62e de Ligne, était très ombragée. On y trouvait la Banque de l'Algérie, que l'on voit sur ce cliché, et plus loin la sous-préfecture et le temple protestant.

Sur la rue qui deviendra l'avenue de la République, le premier hôtel des postes jouxte les Douanes françaises. Tout à fait au fond, on aperçoit la porte de Stora donnant accès à la route de la Corniche.

A gauche, un hôtel de voyageurs n'a pas eu à chercher bien loin son nom : l'hôtel de la Poste.

La nouvelle gare fut construite en 1936 dans le style néo-mauresque avec une tour ornée de l'indispensable horloge.

Cette gare des Chemins de fer algériens avait été construite plus près de la ville, proche de la place de Marqué. On voit au fond l'hôtel de ville. Les premières automobiles se mêlent aux charrettes attelées.

Tout au sud de la ville, au bout de la rue Clemenceau, se trouvait la maison du Colon dans le quartier de la cavalerie. Au premier plan, c'est le square Wagram proche de la place Jean Jaurès.

L'hôtel de ville et son square donnaient d'un côté sur la route de la corniche, de l'autre sur l'avenue de la République et occupaient le coin entre l'avenue de la Marine et la place de Marqué.

Le nouvel hôtel de ville était flanqué d'une tour contenant un ascenseur permettant d'accéder au sommet d'où l'on avait une vue magnifique sur la ville et la baie de Stora. Cet édifice était décoré de faïences de Nabeul. On pouvait admirer dans la salle de délibérations du conseil municipal de rares tapisseries de Beauvais ainsi que des tableaux de maîtres dans le cabinet du maire.

Ici, les bureaux militaires de la place se trouvaient dans la rue Filfila, nom des célèbres carrières de marbre situées tout près de Philippeville qui ont servi à la construction de nombreux bâtiments civils et religieux à travers l'Algérie.

L'église Saint-Philippe donnait sur le square Carnot rebaptisé plus tard square Général Leclerc où fut érigé le monument aux Morts (œuvre de Alaphilippe). Ce lieu de culte fut construit en 1848 sur la pente du Skikda, à l'emplacement des fondations d'une ancienne basilique dédiée à sainte Digna, martyre dont les reliques sont conservées au musée.

La statue de Brennus (par Taluet) datait de 1878. Placée primitivement, comme on le voit ici, dans le jardin public devant l'église, elle fut transportée plus tard au square de la Poste.

Au bout de la rue d'Austerlitz, dans le quartier ouest, on avait opté pour la solution la plus facile puisqu'à côté de la gendarmerie on peut apercevoir l'entrée de la prison civile…

La rue du 62e de Ligne et la rue Gambetta, toutes deux parallèles, aboutissaient au collège. A l'arrière de ce bâtiment, on avait mis au jour le théâtre romain ainsi que des citernes elles aussi romaines.

Le corps enseignant au grand complet est en grande discussion sur le perron de l'établissement. Le chapeau melon semble faire partie de l'uniforme ! Collège E. Maupas
Lycée Luciani

Un peu plus au sud, la rue du Sphinx longeait le musée fondé en 1898. Il comprenait trois pavillons et un jardin. Au rez-de-chaussée du pavillon central, on trouvait des collections d'archéologie phénicienne et romaine, au 1er étage des peintures et des sculptures modernes et un musée d'ostréiculture, coquillages et fossiles. Le pavillon sud comportait au rez-de-chaussée une collection d'armes et au 1er un musée des pêches maritimes. Le pavillon nord renfermait quant à lui un cabinet de monnaies et médailles.

Le jardin du musée était entouré de colonnes et de chapiteaux romains. Toutes ces pièces étaient installées et présentées au public initialement dans l'ancien théâtre romain. Tout au fond on voit se profiler le minaret de la mosquée Sidi-Ali-Dib.

On distingue à droite le musée archéologique et à l'arrière-plan le pavillon des armes.

Sur cette vue de 1909, le grand café-restaurant de Foy garnissait tout un côté de la place de la Marine. Ses grandes tentures protégeaient du soleil sa terrasse extérieure.

A 3 km à l'ouest du centre-ville, on pouvait visiter l'ancien domaine des Lions, aujourd'hui parc et château Landon (créé par monsieur Landon de Longeville). Situé en amont de l'embarcadère du Safsaf, il renferme une collection de toutes les espèces de palmiers algériens.

Sur cette vue du marché couvert de Philippeville en 1906, les commerçants des halles ont pris la pose pour le photographe jusqu'en haut de l'escalier. La publicité commence à envahir les murs.

Au sud de la ville, la rue du Sphinx conduisait à la mosquée de Sidi-Ali-Dib construite dans les années 1845. C'était un bâtiment carré à coupole avec un minaret octogonal.

5
Les rues du centre-ville

Une des rues principales, et aussi la plus longue de Philippeville, la rue Nationale, était très animée. La première mairie s'y trouvait avant la construction, dans les années 1930, du nouvel hôtel de ville avenue de la République.

La rue Nationale partageait le centre-ville depuis la place de la Marine jusqu'au sud, au niveau de la porte de Constantine et de l'ancienne place des Chameaux (depuis square Wagram). A gauche, au coin, on aperçoit l'hôtel-restaurant-café Foy.

La rue Nationale s'appela par la suite rue Georges Clemenceau. Elle était bordée des deux côtés d'arcades abritant de nombreux magasins.

La route, ou plutôt le chemin, des Beni-Melek grimpait au flanc d'un ravin admirablement cultivé puis se poursuivait jusqu'à Sidi Zerzour, pour continuer dans la forêt jusqu'à Tamalous. Sur ce cliché, une calèche attend ses clients descendus sûrement pour faire faire ses besoins au petit chien blanc que l'on aperçoit dans l'herbe.

Un peu plus loin, en continuant vers le sud, c'était encore la campagne. On pouvait flâner sur la route de Constantine sans risque d'embouteillages !

La rue de Constantine, parallèle à la rue Clemenceau, était une des rues les plus animées de la ville car elle longeait le marché couvert.

17 PHILIPPEVILLE. — *La Porte de Constantine et la Rue Nationale.* — LL.

Au bout de la rue Nationale, on trouvait la porte de Constantine qui, plus tard, fut détruite lors de l'agrandissement de la ville pour permettre la construction de la place Jean Jaurès.

19. PHILIPPEVILLE — Route de Constantine

Au-delà de la porte de Constantine se tenait un marché arabe très important. Il ne devait pas faire froid le jour où le photographe a pris son cliché. Un monsieur s'abrite sous un immense parapluie et bon nombre de personnes n'ont pas oublié de se coiffer de grands chapeaux !

On voit ici, au milieu de la place Jean Jaurès, la statue du 3e zouaves que l'on a transférée. Une belle avenue plantée de palmiers traversait le nouveau faubourg de l'Espérance et aboutissait, au-delà de l'oued Zeramma, dans un parc aménagé où se trouvaient l'hippodrome et le stade municipal.

La rue Gambetta montait vers le collège et de l'autre côté, comme on peut le voir sur cette carte postale du début du XXe siècle, elle se terminait au niveau du square Carnot devant l'église Saint-Philippe.

Partant de la prison et de la gendarmerie, la rue d'Austerlitz passait devant le palais de justice, coupait à angle droit la rue Nationale (Clemenceau) pour aboutir à la rue de Carthage.

La ville était au départ entourée d'un rempart crénelé percé de trois portes : porte de Bône à l'est, de Constantine au sud et de Stora à l'ouest. Cette dernière donnait accès à la route de la Corniche qui menait au port de Stora.

La rue du 61e de Ligne montait en escaliers vers le quartier ouest, comme beaucoup de rues de ce secteur. Partant de la rue Nationale au niveau de la place de la Marine, elle aboutissait à la rue Pasteur.

6
Les militaires et leurs casernes

Côté est, dans un très joli cadre de jardins verdoyants, les casernes et l'hôpital militaire dominent la ville sur le Djebel Addouna.

Dans le quartier sud de la ville se trouvait la caserne de l'artillerie remplacée plus tard par le quartier de la Cavalerie. Sur la carte postale du bas, une belle brochette de militaires a pris la pose devant les écuries. N'oublions pas que les chevaux avaient une grande importance à cette époque dans l'armée.

Le monument du 3e zouaves, sculpté par Bellac, se trouve ici à son premier emplacement sur le square de la République. Il sera transféré plus tard sur la place Jean Jaurès. Dominant la place, on aperçoit les casernes et l'hôpital militaire qui deviendra mixte (civil et militaire) par la suite.

Un beau régiment de zouaves et leurs officiers stationnent devant la caserne. En effet, à cette époque, la caserne de France était leur cantonnement.

La corvée d'épluchage des patates a apparemment mobilisé beaucoup de volontaires... sûrement pour la photo !

Ils en avaient de la chance les militaires de Philippeville à l'époque de pouvoir profiter de la plage si proche de leur caserne !